ROLF REINICKE

NATIONALPARK JASMUND

KREIDEKÜSTE
GEOLOGIE & LANDSCHAFT

DEMMLER VERLAG

Einem der Väter des
Nationalparks Jasmund gewidmet,
Herrn Dr. Lebrecht Jeschke

Die Hohen Ufer

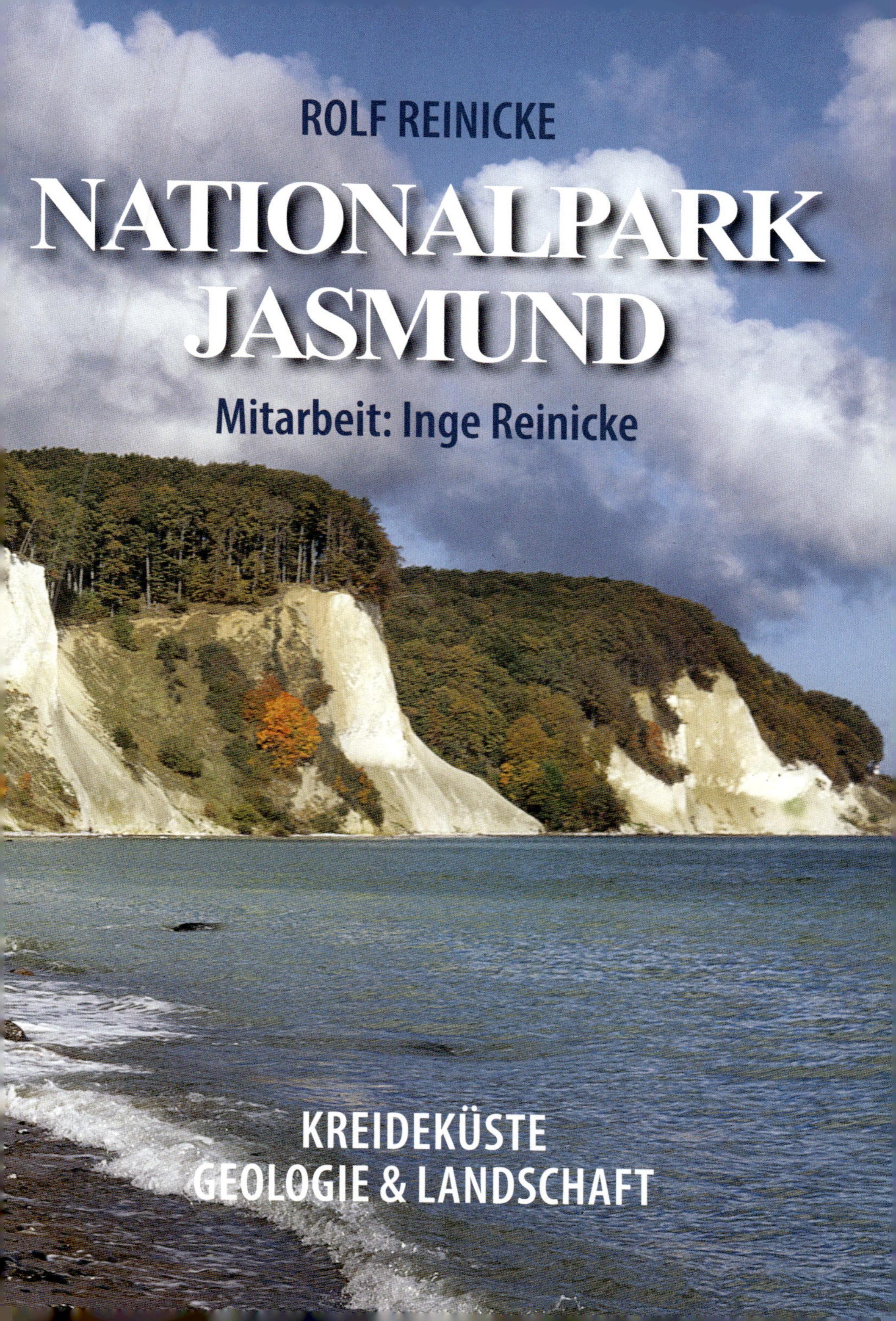
ROLF REINICKE
NATIONALPARK
JASMUND
Mitarbeit: Inge Reinicke
KREIDEKÜSTE
GEOLOGIE & LANDSCHAFT

Bibliographische Informationen
der Deutschen Nationalbibliothek:
Die Deutsche Nationalbibliothek
verzeichnet diese Publikation in der
Deutschen Nationalbibliographie.
Detaillierte bibliographische Daten
sind im Internet abrufbar unter
portal.dnb.de

Texte, Fotos und Layout:
Rolf Reinicke
www.kuestenbilder.de
Lektorat: Inge Reinicke
Grafiken: Matthias Reinicke
www.limedesign.ca

ROLF REINICKE
NATIONALPARK JASMUND
Kreideküste, Geologie & Landschaft
1. Auflage 2024
ISBN: 978-3-944102-46-7

An der Bäderstraße 7c
18311 Ribnitz-Damgarten
www.demmlerverlag.de

Autor und Verlag danken Katrin Bärwald, Mark Ehlers, Jochen Lamp, Prof. Dr. Martin Meschede, und Dr. Ingolf Stodian für ihre freundliche Unterstützung – besonders Dr. Karsten Obst für die sorgfältige Durchsicht des Manuskripts.

Cover: Stürmische Ostsee bei Südostwind vor der Ernst-Moritz-Arndt-Sicht

INHALT

NATIONALPARK JASMUND

NATIONALPARK JASMUND

Die Kreideküste der Halbinsel Jasmund auf der Insel Rügen gilt als größte Sehenswürdigkeit der Natur an der deutschen Küste. Sie ist durch den Nationalpark Jasmund mit dem Königsstuhl als Höhepunkt umfassend geschützt. Der alte Buchenwald der Stubnitz ist heute UNESCO-Weltnaturerbe.

DAS „GEBIRGE" DER INSEL RÜGEN

Der Osten der Halbinsel Jasmund zeichnet sich aus durch seine ungewöhnliche Höhe, sein ausgeprägtes, kleinteiliges Relief und die Schreibkreide als Untergrund. Dieses Gebiet war ungeeignet für eine landwirtschaftliche Nutzung. So blieb hier der ursprüngliche Buchenwald erhalten. An den steilen Hängen der Ostküste Jasmunds entstand vor etwa 6.500 Jahren eine hohe Schreibkreide-Steilküste mit bemerkenswerter Dynamik. Dieses Stubnitzkliff wich in den vergangenen zwei Jahrtausenden um mehr als zwei Kilometer zurück. Es bildet einen vielfältigen, vom Menschen kaum beeinflussten Naturraum.

Kreideküste und Stubnitzwald bilden zusammen den 1990 gegründeten Nationalpark Jasmund. Mit einer Größe von etwa 30 Quadratkilometer ist er der kleinste aller deutschen Nationalparks. Er entspricht im Wesentlichen der auf diesem Luftbild gut erkennbaren Kreideküste und dem Laubwaldgebiet – dem um ausgedehnte Flächen erweiterten, bereits 1929 entstandenen Naturschutzgebiet Jasmund. Zum Nationalpark gehört auch ein 500 m breiter, dem Strand unmittelbar vorgelagerter Bereich der Ostsee.

Foto: Luftbild der Halbinsel Jasmund mit Kreideküste und Stubnitzwald

KÖNIGSSTUHL – STUBBENKAMMER

Der 118 Meter hohe **Königsstuhl** in der Stubbenkammer ist der höchste Punkt an der deutschen Küste und der landschaftliche wie touristische Höhepunkt des gesamten Nationalparks. Als **Stubbenkammer** bezeichnet man nur die hier abgebildeten Kreidefelsen: als **Große Stubbenkammer** den Königsstuhl mit dem Feuerregenfelsen ganz rechts; als **Kleine Stubbenkammer** die Steilwand links mit der Victoria-Sicht. Der Name Stubbenkammer kommt aus dem Slawischen: *stopin* steht für Stufe und *kamen* für Fels.

Eine kühne Stahlkonstruktion, der „Skywalk", führt die Besucher seit April 2023 über den vom Abbruch bedrohten Königsstuhl (Juni 2023).

VON DER OSTSEE GEFORMT

Seit etwa 6.500 Jahren arbeitet die Ostsee an der Außenküste von Jasmund und schuf dabei ein hohes Kreidekliff. Seither wich diese Küste um mehr als zwei Kilometer zurück. Die weiche Kreide unterliegt fortwährender Abtragung. Durch Abbrüche und Rutschungen wird das Kliff langsam, aber beständig zurückgeschnitten. Weil am Strand angehäufte Lockermassen vom Meer alsbald abtransportiert werden, bleibt dieses spektakuläre Kliff überwiegend steil und „frisch".

Foto: Die Kreideküste am Fahrnitzer Ufer

Das Kreidekliff im Nationalpark Jasmund hat eine „Zwillingsschwester“: Møns Klint auf der fast in Sichtweite liegenden dänischen Insel Møn. Es ist mit sechs Kilometer nur halb so lang, dafür aber etwas höher als das Jasmundkliff. Dronningestolen (der Königinnenstuhl) ist mit 128 Meter Höhe das höchste Steilufer an der gesamten Ostsee. Der Ostteil von Møn zeigt einen der Halbinsel Jasmund sehr ähnlichen geologischen Bau. Er trägt auch einen, allerdings deutlich kleineren Buchenwald.

EISZEITLICHE ABLAGERUNGEN

Das Kliff erscheint nicht einheitlich weiß, da die Schreibkreide von von dicken gelblich-braunen Streifen – **Pleistozänstreifen** – durchsetzt ist. Das sind eiszeitliche Ablagerungen: Geschiebemergel, Geschiebelehm und Schmelzwassersand. Hier liegen also einige Jahrtausende alte Ablagerungen zwischen 67 Millionen Jahre alter Schreibkreide. Diese besondere geologische Situation entstand, als es gegen Ende der Eiszeit (während genereller Erwärmung) eine kurze Kälteperiode gab. Damals schoben sich mächtige Eiszungen von Nordosten und Südosten gegen das Gebiet von Jasmund. Sie kamen von der etwas nördlich gelegenen Inlandeismasse. Das Gebiet von Jasmund wurde von den Eiszungen in die Zange genommen und gestaucht – so wie es Karte und Grafiken zeigen. Dabei entstand auch das ausgeprägte, kleinteilige Relief im Osten der Halbinsel.

großes Foto: Oberfläche des heutigen Inlandeises auf Grönland

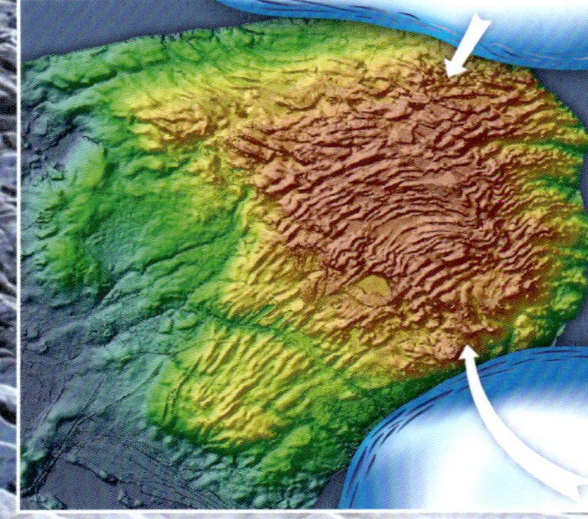

Die ungewöhnliche Höhe und das ausgeprägte Relief der Halbinsel Jasmund sind auf Eispressunge kurz vor Ende der letzten Eiszeit zurückzuführen.

Typischer Pleistozänstreifen: eiszeitliche Ablagerungen zwischen der Kreide (s. S. 26/27).

Pleistozänstreifen am Kliff zwischen Wissower Klinken und Ernst-Moritz-Arndt-Sicht

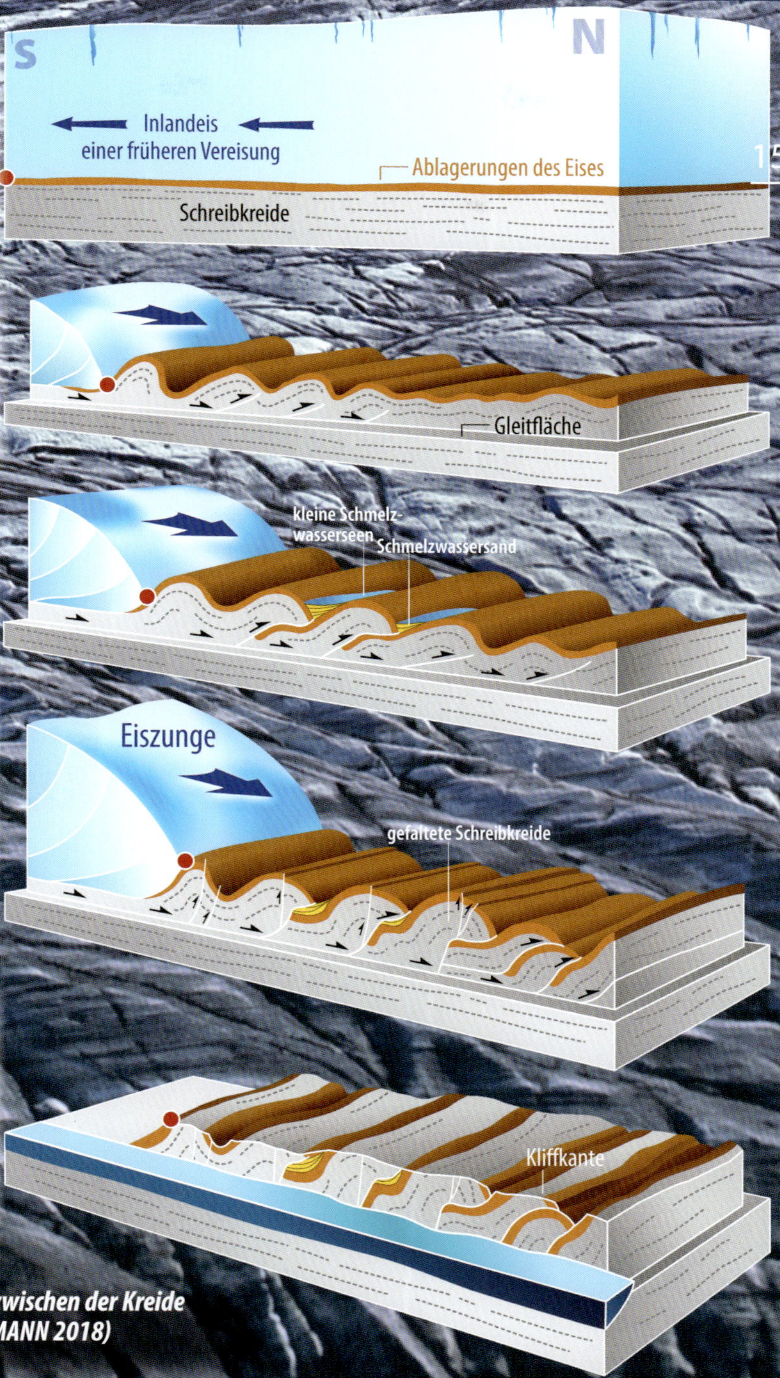

ʳ ca. 22.000 Jahren be-
ɛkte mächtiges Inlandeis
ite Teile Norddeutschlands.
hobelte den Untergrund
Danach schmolz es teil-
ise und hinterließ eine
ındmoräne – hauptsäch-
ı aus Geschiebemergel.

ʳ ca. 15.000 Jahren schoben
ı vom nördlich gelegenen
ıd des Inlandeises Eiszun-
ı gegen Jasmund und
ssten Schreibkreide und
zeitliche Ablagerungen in
ten.

ɾch fortschreitenden Eis-
ck entstanden Brüche
ɾwerfungen), an denen die
alteten Schichten überein-
ɩer geschoben wurden.
gelangten eiszeitliche Ab-
ɛrungen zwischen die Krei-
Durch die Stauchung wur-
ı die Kreideschichten etwa
ʹ die Hälfte der ursprüngli-
ın Ausdehnung zusam-
ngeschoben. Der rote
ıkt dient als Orientierung.

ch der Eiszeit wurde das
ände durch Verwitterung
getragen. Dadurch liegt
ıte die Kreide an vielen
llen an der Oberfläche.
s Meer schuf ein beständig
ückweichendes Kliff, an
n die Lagerung der Schich-
ʹ deutlich sichtbar ist.

zeitliche Ablagerungen zwischen der Kreide
hema nach ANNA GEHRMANN 2018)

DIE KREIDEKÜSTE

Der schönste Blick auf die Kreideküste ist sicher der von See her. Dabei bekommt man den besten Überblick über die abwechslungsreichen Ufer.

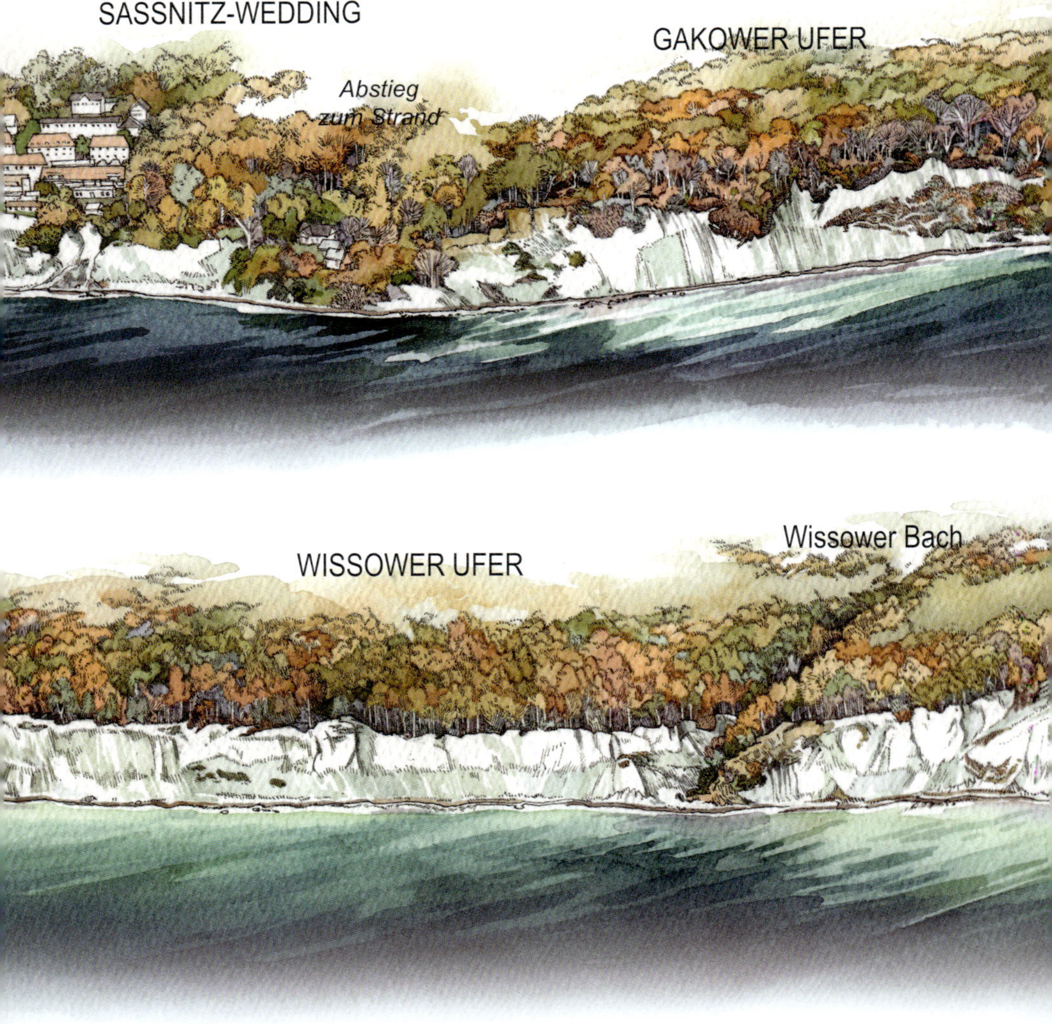

Hengst
Lenzer Bach
WISSOWER UFER
Piratenschlucht
stieg zum Strand
Anschluss
links unten

Wissower Klinken
E.-M.-Arndt-Sicht
Anschluss
nächste Seite

DIE KREIDEKÜSTE

Bei einer Fahrt mit dem Ausflugsschiff längs der Kreideküste bekommt man diesen Überblick über die beeindruckende Vielfalt der Uferformen und der Vegetation.

Die Ausflugsschiffe von Sassnitz, Binz oder Sellin fahren auf ihrem Kurs längs dieser Ufer bis auf Höhe Königsstuhl und zurück.

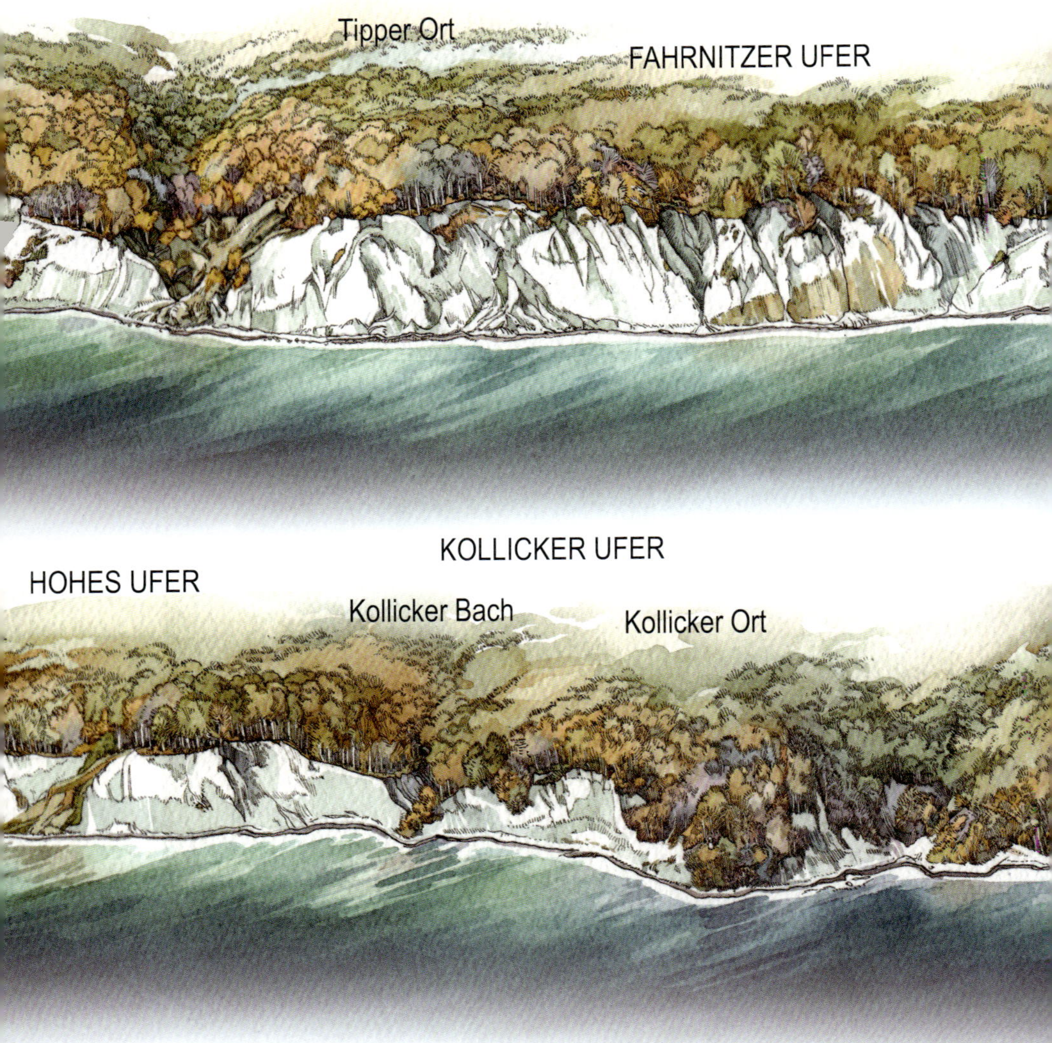

:IELER UFER
Kieler Bach
Abstieg zum Strand
HOHES UFER
Anschluss
links unten

STUBBENKAMMER
Victoria-Sicht
Königsstuhl
Äse- Ort
Feuerregen-
felsen

DIE KREIDEKÜSTE

VOM GRUNDE DES KREIDEMEERES

Die Rügener Schreibkreide ist ein weiches, weißes **Kalkgestein**. Dessen Bezeichnung rührt her von seiner früheren Verwendung als Schultafelkreide. Schreibkreide entstand vor rund 67 Millionen Jahren am Grunde des Kreidemeeres, eines hier etwa 100–200 Meter tiefen, warmen Randmeeres, in dem zahlreiche verschiedene Tier- und Pflanzengruppen lebten – vom Einzeller bis zum Saurier. Die Grundmasse der Schreibkreide besteht fast ausschließlich aus den kalkigen Schalenresten winzigster Meeresorganismen. Das Meiste davon sind winzigste runde Kalkscheibchen einzelliger **Coccolithophoriden** (Kalkflagellaten) – kleiner als 0,01 mm und nur mit dem Elektronenmikroskop erkennbar. Diese Kalkscheibchen – **Coccolithen** – bilden im Wesentlichen die Grundmasse der Kreide. Aus dem daraus entstehenden Kreideschlamm bildete sich am Grunde des Meeres pro Jahr nur eine etwa 0,035 Millimeter dicke Kreideschicht – in 100 Jahren also maximal drei Zentimeter. Lediglich etwa acht Prozent der Bestandteile der Schreibkreide sind größer als ein Zehntelmillimeter.

Coccolithophoridenreste unter dem Elektronenmikroskop

Coccolithophoriden lebten milliardenfach im warmen Oberflächenwasser des Kreidemeeres.

Nach ihrem Tode zerfielen die Coccolithophoriden in Kalkscheibchen (Coccolithe). Die sanken auf den Meeresboden und bildeten einen Kalkschlamm – die spätere Schreibkreide.

Modell eines Coccolithophoriden

VOM GRUNDE DES KREIDEMEERES

Häufigste Einlagerung in der Schreibkreide ist Feuerstein – ein **Kieselgestein** – dunkelgrau oder fast schwarz, mit dünner weißlicher Rinde. So kennt ihn jeder. Feuerstein besteht aus Kieselsäure. Sie hat ihren Ursprung in Meerestieren, in allerfeinsten Skelettnadeln von **Kieselschwämmen**, vor allen Dingen aber in den mikroskopisch kleinen, filigranen, hauchzarten Skeletten einzelliger **Kieselalgen**. Auch sie lebten in großer Menge. Starben diese Organismen, so wurden sie im feuchten Kreideschlamm eingebettet. Dort lösten sich ihre Kieselskelette. Nach und nach reicherte sich die gelöste Kieselsäure im Kreideschlamm an. Sie konzentrierte sich – immer erst nach längeren Zeiträumen – in gallertartigen Klumpen, die später zu steinharten **Feuersteinknollen** wurden. Keine gleicht in Form und Größe einer anderen.

Jeweils in einer bestimmten Kreideschicht angereichert, erscheinen sie am Steilufer, an dem die Schichten angeschnitten sind, als **Feuersteinbänder**. Sie durchziehen die Kreide in relativ gleichmäßigen Abständen – so wie es das große Foto zeigt. Ihr Verlauf entspricht der Schichtung der Kreide. Wird die vom Kliff abgebrochene Kreide vom Meer ausgespült, bleiben die Feuersteine zurück und bilden den charakteristischen **Feuerstein-Geröllstrand** der Kreideküste. Frisch aus der Kreide herausgespülte Feuersteinknollen besitzen noch bizarre, die Fantasie anregende Formen. Die aber bleiben nicht lange erhalten. Denn dieser Rügener Feuerstein ist zwar sehr hart (härter als Stahl!), aber er splittert auch leicht. So kommt es, dass die Knollen in der Brandung alsbald rundgeschliffen und immer kleiner werden. Dabei verschwindet die charakteristische weiße Rinde.

großes Foto: Feuersteinbänder im Kreidekliff am Stubbenhörn

Skelette von Kieselalgen

frisch ausgewaschene Feuersteinknollen

Feuersteinbänder im Kliff

Feuerstein-Geröllstrand

Sassnitzer Blumentopf mit Bepflanzung

VOM GRUNDE DES KREIDEMEERES

Neben den charakteristischen Feuersteinbändern gibt es in der Schreibkreide auch einzelne Knollen, die isoliert im Sediment liegen – also nicht „in Reihe". Unter ihnen findet man Exemplare, welche die übliche Größe von Feuersteinknollen weit überschreiten. Manche wiegen einhundert, die schwersten sogar über zweihundert Kilogramm. Die meisten besitzen eine unregelmäßig-knollige Form, manche sind langgestreckt. Neben ihrer verschiedenartigen äußeren Form haben fast alle eine Gemeinsamkeit: ein großes, rundes durchgehendes Loch mit glatter Wandung. Es handelt sich um überdimensionierte „Hühnergötter"" die als **Paramoudra** bezeichnet werden. Ihre Entstehung ist bisher nicht eindeutig geklärt. Man nennt sie im Volksmund **Sassnitzer Blumentöpfe,** da viele von ihnen in den Vorgärten von Sassnitz stehen – mit Erde gefüllt und bepflanzt.

Mancher Strandwanderer meint, er habe Gold gefunden. Tatsächlich liegen im Strandgeröll der Kreideküste vereinzelt goldglänzende, faust- bis kopfgroße, extrem schwergewichtige Knollen. Natürlich ist das kein Gold, sondern nur „Katzengold" oder „Schwefelkies" – Eisensulfid (FeS_2) – ein Erzmineral, das sich **Pyrit** bzw. **Markasit** nennt.
Auch Pyrit entstand in der Schreibkreide, genauer: im noch feuchten Kreideschlamm am Meeresboden durch Ausfällung von im Meerwasser gelöstem Eisen um einen Kristallisationskern, oft ein Fossil.
Meist glänzen diese Pyritknollen allerdings nicht, sondern erscheinen rostigbraun. Zerschlägt man aber solche äußerlich unansehnlichen Stücke, so zeigen die Bruchflächen oft goldglänzenden, strahlig auskristallisierten Pyrit.

großes Foto: Sassnitzer Blumentöpfe im Kreidekliff

Sassnitzer Blumentopf mit „angewachsenen" Pyritknollen

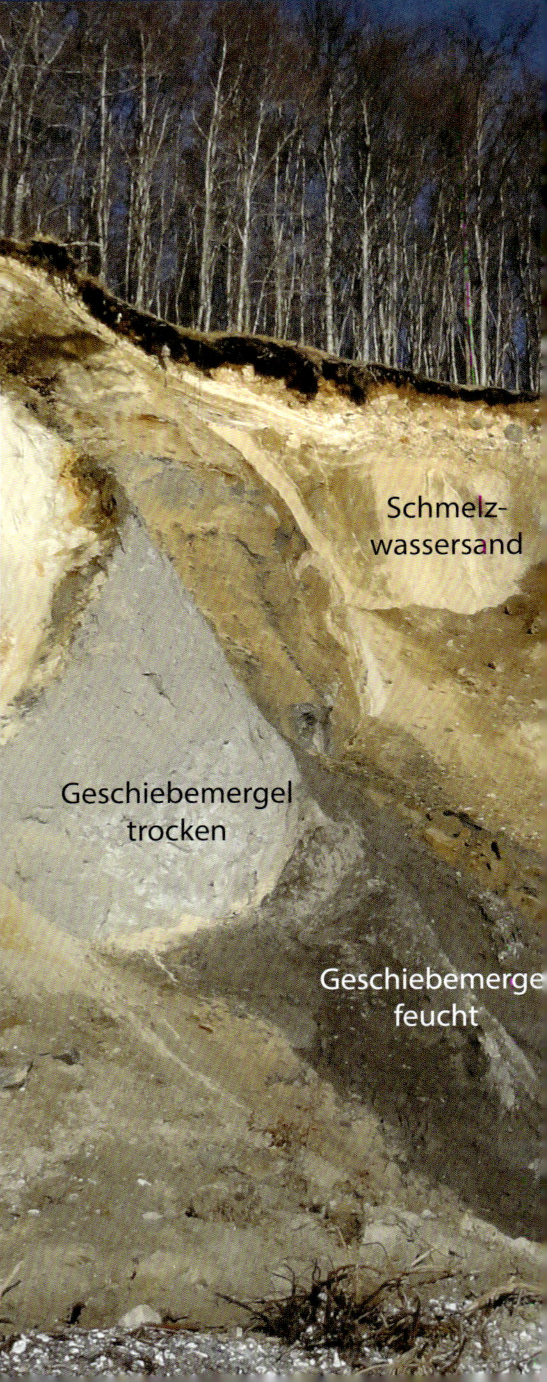

Schreibkreide

Schmelz-
wassersand

Geschiebemergel
trocken

Geschiebemergel
feucht

Wird Geschiebemergel oder -lehm ausgewaschen, bleiben die Geschiebe am Strand zurück.

Der gewaltige Findling „Jasmund" am Kollicker Ort wiegt 73 Tonnen.

GESCHIEBE – „BOTEN AUS DEM NORDEN“

An vielen Stellen sind streifenförmig Geschiebemergel und Schmelzwassersand in die Kreide eingelagert – **„Pleistozänstreifen“** – s. S. 14/15.
Der hellgelb gefärbte Schmelzwassersand fällt im Kliff besonders auf. Der graue Geschiebemergel (verwittert: Geschiebelehm, braun) entstand als Grundmoräne unter dem Inlandeis – ein Gemisch aus Ton und Kalk, darin Sand, Kies und Geröll in unterschiedlicher Menge. Das Geröll bezeichnet man, da vom Eis geschoben, als **Geschiebe**. Es sind Gesteine unterschiedlichster Art und Herkunft (s. S. 80 „Steine am Ostseestrand“). Sie bleiben dann am Strand zurück, wenn Mergel bzw. Lehm ausgewaschen werden.
Die größten Geschiebe bezeichnet man als **Findlinge**. Drei besonders große liegen vor der Keideküste:
- „Klein Helgoland“ nahe Sassnitz (112 t)
- der „Jasmundstein“ am Kollicker Ort (73 t)
- der „Waschstein“ unterhalb des Königsstuhles (50 t)

großes Foto: Rutschung im Bereich eines Pleistozänstreifens im südlichen Teil des Wissower Ufers(Februar 2012)

KARST-PHÄNOMENE

Im Kreidemassiv (also Kalkmassiv) der Halbinsel Jasmund gibt es Karstphänomene – Erscheinungen, die auf Kalklösung und Kalkausfällung zurückzuführen sind. Dazu zählen Bachversickerungen (Schlucklöcher), temporäre Tümpel, Quellfluren... Sie sind weit verbreitet, aber meistens schlecht erkennbar. Am auffälligsten sind die gelblichen Blöcke von **Quellkalk (Travertin)**, die sich am Strand finden, beispielsweise am Kollicker Ort oder am Stubbenhörn. Sie stammen aus den Uferschluchten. Travertin entsteht, wenn stark kalkhaltiges Grundwasser in Oberflächennähe gelangt, sich dabei erwärmt und in Luftkontakt gerät. Dann scheidet er sich ab, meist an Pflanzenteilen – ein sehr poröses Kalkgestein.

großes Foto: ausgewaschene Travertinblöcke am Strand vor der Uferschlucht am Stubbenhörn

Uferschlucht mit Travertinschicht am Kollicker Ort

Mit Travertin gefüllte Uferschlucht am Stubbenhörn

Wissower Klinken
Oktober 1999

WISSOWER KLINKEN UND ERNST-MORITZ-ARNDT-SICHT

Die Kreidezinnen der Wissower Klinken wurde schon zu Beginn des Tourismus fast so populär wie der Königsstuhl. Ihre markanten Spitzen brachen 2005 ab und stürzten ins Meer. Damit verloren die Klinken ihre populäre Ansicht. Die Buche auf der benachbarten Ernst-Moritz-Arndt-Sicht zählt sicher zu den Bäumen der Kreideküste mit ungewöhnlichstem Standort. Sie kam durch die gewaltige Rutschung im Frühjahr 1981 (s. S. 36/37) in diese abenteuerliche Position an der vordersten Spitze des bekannten Kreidevorsprungs. Man meinte damals, dass ihre Tage gezählt wären. Ihr baldiger Absturz galt als sicher. Sie hält sich aber bereits seit über 40 Jahren an diesem exponierten Standort. Sie wuchs sogar – nicht in die Höhe, sondern in die Breite und ließ ihren Wipfel vertrocknen...

großes Foto: Situation im Oktober 2014

April 1981

Oktober 2023

ZERSTÖRUNG DES KLIFFS

Zu **Abbrüchen** kommt es häufig nach Frostperioden an besonders hohen, steilen, überhängenden Kliffs wenn Wasser auf Klüften in der Kreide gefriert (s. a. Frostsprengung S. 34).

Rutschungen ereignen sich hauptsächlich bei starker Durchfeuchtung des Kliffs. Aufgeweichter Geschiebemergel eines Pleistozänstreifens bildet dann oft die Gleitbahn.

Ganz eindeutig lassen sich Abbrüche und Rutschungen nicht auseinanderhalten. Oft verwendet man dafür auch den Begriff Ausbruch.

großes Foto: Rutschung am Kieler Ufer mit Kreide und Geschiebemergel (Februar 2016)

Abbruch an einem überhängenden Kreidekliff

Kreiderutschung auf einem Pleistozänstreifen

Durch „Kammeis" am Kliff gelockerte Kreidebrocken, die noch zusammengefroren sind.

Durch Algen „verschmutztes", durch Frostsprengung teilweise „gesäubertes" Kliff am Kollicker Ort.

ZERSTÖRUNG DER KLIFFS

Dringt Wasser auf Rissen und Klüften ins Kliff ein und gefriert, so gibt es nach einigen kalten Wintertagen den bekannten Effekt der Frostsprengung. Wenn es taut, bröckelt und bricht die Kreide ab. Auf diese Weise wird auch die stark wassergesättigte, oft durch Algen oberflächlich ergraute Kreide flächenhaft abgesprengt und das Kliff somit „gesäubert". Dann erscheint es im Frühjahr wieder strahlend weiß.

großes Foto: Abbrüche durch Frostsprengung am Kieler Ufer (Februar 1987)

Situation der E.-M.-A.-Sicht vor der Rutschung (März 1980)

EIN EREIGNIS VOR FÜNF JAHRZEHNTEN

Die weitaus größte aller Uferbewegungen in jüngerer Zeit ereignete sich im April 1981. Dabei kam es beiderseits der Ernst-Moritz-Arndt-Sicht zu jener gewaltigen Rutschung, deren Folgen auf dem Foto zu sehen sind. Damals glitten innerhalb einer Minute mehr als 100.000 Kubikmeter Kreide über 100 Meter weit ins Meer. Und die Buche auf der E.-M.-A.-Sicht kam in ihre abenteuerliche Position (s. S. 31). Erst nach einigen Jahren hatte das Wasser diese voluminösen Lockermassen vollständig weggespült.
Der Abbruch der Wissower Klinken, bei dem 2005 deren markante Zinnen verloren gingen, war dagegen mit etwa 3.000 Kubikmeter eher bescheiden.

großes Foto: Situation der E.-M.-Arndt-Sicht wenige Tage nach dem Ereignis (April 1981)

Bei Sturmhochwasser wird gelockerte Kreide aufgeschlämmt und weggetragen. Von der festen Kreide am Kliff spült das Wasser nur wenig ab.

„KREIDEMEER“

Treffen Hochwasser und Sturm zusammen auf die Kreideküste, werden die am Strand angehäuften Lockermassen aufgeschlämmt und weggetragen. Sie trüben dann das Meer manchmal kilometerweit milchigweiß („Kreidemilch“).
Die aufgeschlämmten Kreidepartikelchen gelangen mit der Strömung weit hinaus auf die Ostsee, sinken dort langsam zu Boden. So geht die abgetragene Kreide der Küste auf Dauer verloren.
Feuersteine aber und Geschiebe bleiben als Gerölle am Strand zurück, werden in der Brandung rundgeschliffen, langsam kleiner und wandern mit ihr ganz langsam nach Süden.

Luftbild: Die Kreideküste kurz nach einem Wintersturm – aufgeschlämmte Schreibkreide trübt kilometerweit die Ostsee.

FOSSILIEN AUS DER SCHREIBKREIDE

LEBEN IM KREIDEMEER

Jeder kennt **sie**, die länglichen, gelblichen Donnerkeile - die aus Kalk bestehenden Rostren von **Belemniten**. Das waren kalmarähnliche Tintenfische, die am Ende der Kreidezeit ausstarben. Sie schwammen (wahrscheinlich als Schwärme) in großer Zahl im Freiwasser des Kreidemeeres – dort, wo sich ebenfalls Nautilus, Ammoniten, Fische und natürlich auch Saurier tummelten.

Zeichnung:
Rekonstruktion eines Belemniten, eines bereits vor 67 Millionen Jahren ausgestorbenen Kopffüßers. Die Spitze ist das ***Rostrum*** *– der Donnerkeil.*

Foto:
gut erhaltene Donnerkeile – Rostren von Belemniten Länge ca. 8–10 cm

Auch am Grunde des flachen, gut durchlüfteten Kreidemeeres gab es reichlich Leben. Dort bewegten sich unzählige Seeigel, Seesterne, Seegurken, Schnecken und Krebse verschiedenster Art über den weichen Meeresboden. Schwämme, Korallen, Armfüßer, Muscheln und Seelilien wuchsen auf den wenigen festen Stellen des schlammigen Grundes – oft auf den Schalen noch lebender oder bereits abgestorbener Tiere. Es fällt auf, dass nur die Reste bestimmter Tiergruppen erhalten blieben. Die Knochen der zahlreichen Wirbeltiere (Fische, Saurier) fehlen als Fossilien fast völlig. Zähne von Fischen sind sehr selten, die des gewaltigen Mosasaurus (in der Ausstellung des Kreidemuseums Gummanz nachgebildet, s. S. 76) absolute Raritäten.

FOSSILIEN SUCHEN

Für den Sammler ist es am einfachsten, die vom Meer aus der Kreide herausgewaschenen Fossilien zwischen dem Feuersteingeröll des Strandes zu suchen. Dort sind allerdings nur die stabilen Reste der größeren Fossilien, oft bereits zerbrochen, zu finden. Und diese Funde halten sich von ihrer Anzahl her sehr in Grenzen. Viel erfolgversprechender ist die Suche nach Kleinfossilien (s. S. 48).

Gehäuse von Schnecken, Nautilus und Ammoniten findet man nur als deren schlecht erkennbare Abdrücke in der Kreide. Die Schalen dieser Tiergruppen wurden nach ihrer Einbettung im Kreideschlamm ebenso zersetzt, wie die Weichteile aller im Kreidemeer lebenden Organismen – sie gingen spurlos verloren.
Die harten Schalen oder Gehäuse anderer Tiergruppen sind dagegen als Fossilien zu finden. Die wichtigsten sind auf den folgenden Seiten abgebildet.

Donnerkeile – die am häufigsten gefundenen stabilen Reste größerer Meerestiere sind meist zerbrochen und abgerollt. ø ca. 5–12 cm

FOSSILIEN AUS DER SCHREIBKREIDE

Die dunklen Feuersteinkerne von Seeigeln mit ihrer schönen, fünfstrahligen, weißen Zeichnung sind besonders begehrte Fundstücke. Bei den frisch aus der Schreibkreide herausgewaschenen Exemplaren haftet dem Steinkern zuerst noch das ursprüngliche weiße Kalkgehäuse an. Es wird aber in der Brandung zwischen dem übrigen Geröll alsbald abgerieben. Dann erkennt man die Zeichnung besser.

Seeigel
Feuersteinkerne mit und ohne erhaltenem Gehäuse ø ca. 1–11 cm

Feuersteinkern eines Seeigels z. T. mit anhaftendem Kalkgehäuse

Herzseeig

Seeigel lebten in großer Artenzahl am Boden des Kreidemeeres. Manche waren nur wenige Millimeter groß – andere fast doppelt faustgroß.
Die allerschönsten Fossilien aus der Rügener Schreibkreide sind sicher die unversehrten Kalkgehäuse von **Kronenseeigeln**, die noch fest auf einem Feuersteinkern sitzen (im Foto unten). Solche Stücke sind echte Raritäten und leider nur wenigen Sammlern vergönnt.

Aber es gibt ja auch noch ihre Einzelteile. In sie zerfielen die meisten Kronenseeigel ohne Feuersteinkern. Und diese schönen Teile findet man als Kleinfossilien häufig im Strandkies zwischen dem Feuersteingeröll – sowohl ihre besonders kräftigen **Stacheln** unterschiedlicher Form und Größe, als auch ihre unverkennbar geformten **Stachelplatten**. Es lohnt sich wirklich, nach ihnen zu suchen.

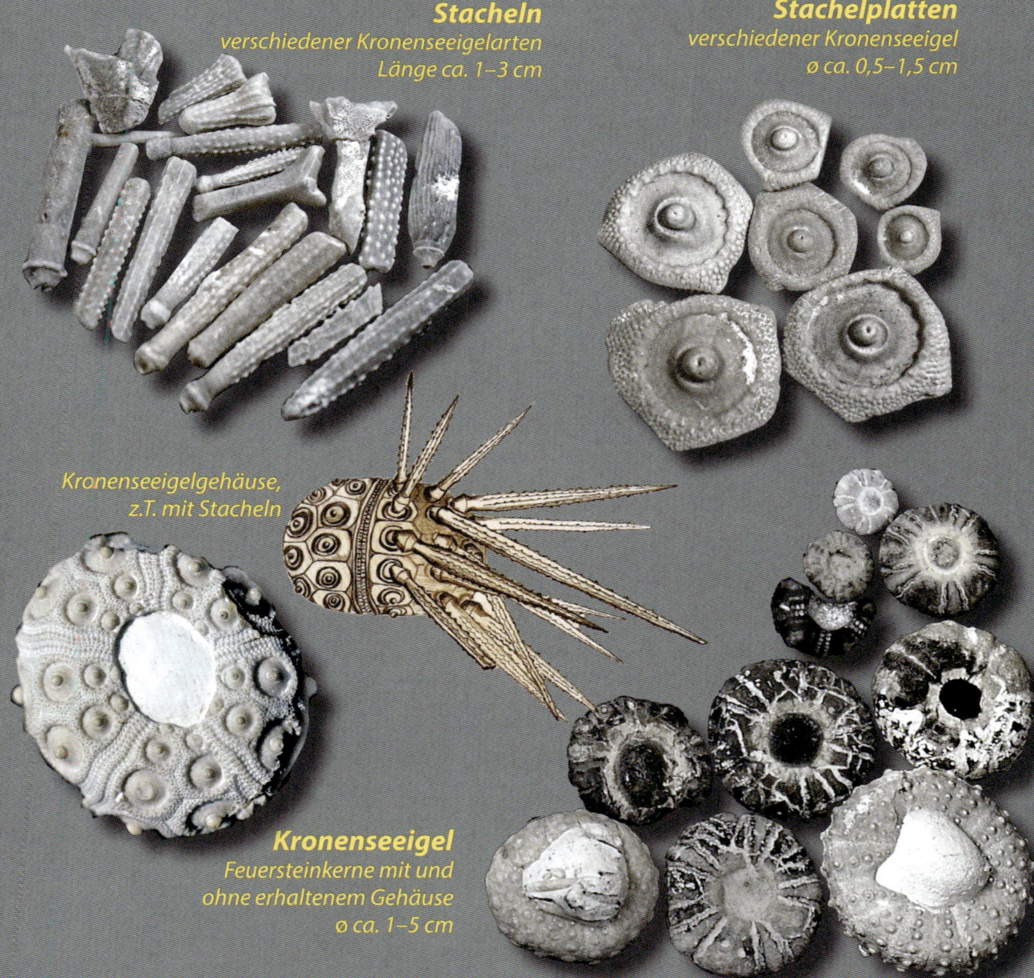

Stacheln
verschiedener Kronenseeigelarten
Länge ca. 1–3 cm

Stachelplatten
verschiedener Kronenseeigel
ø ca. 0,5–1,5 cm

Kronenseeigelgehäuse, z.T. mit Stacheln

Kronenseeigel
Feuersteinkerne mit und ohne erhaltenem Gehäuse
ø ca. 1–5 cm

FOSSILIEN AUS DER SCHREIBKREIDE

Muscheln

Sie gehören zu den häufigsten Kreidefossilien, die man am Strand findet. Dabei bilden die nicht selten zweieinhalb Zentimeter dicken Schalen der zu den Austern zählenden **Dickmuscheln** die stabilsten aller Kalkschalen. Dagegen sind andere, oft recht große Muscheln sehr dünnschalig. Ihre Schalen sind nur dann komplett erhalten, wenn sie auf Feuerstein aufsitzen, z. B. bei **Steckmuscheln** oder **Inoceramen**.

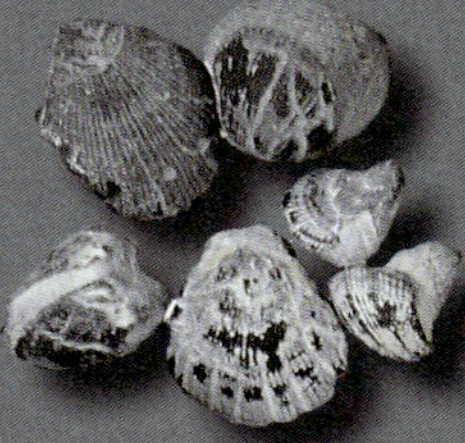

< Feuersteinkerne kleiner Muscheln ø ca. 2–4 cm

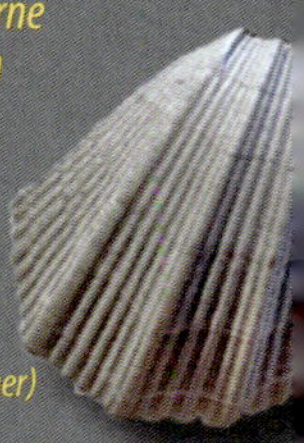

> Neithea sp. Länge ca. 3 cm (Foto: Manfred Kutscher)

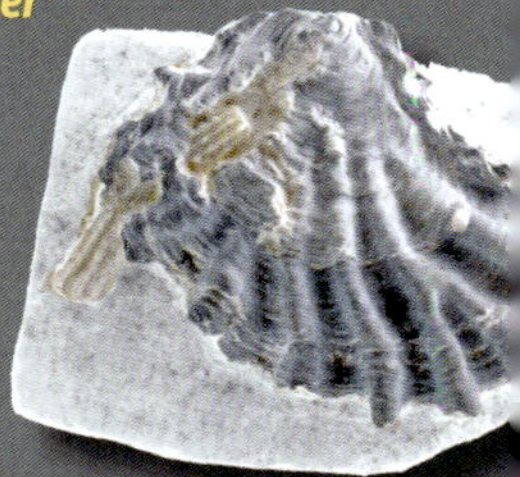

> „Zackenauster" *Hyotissa sp. Länge ca. 4 cm*

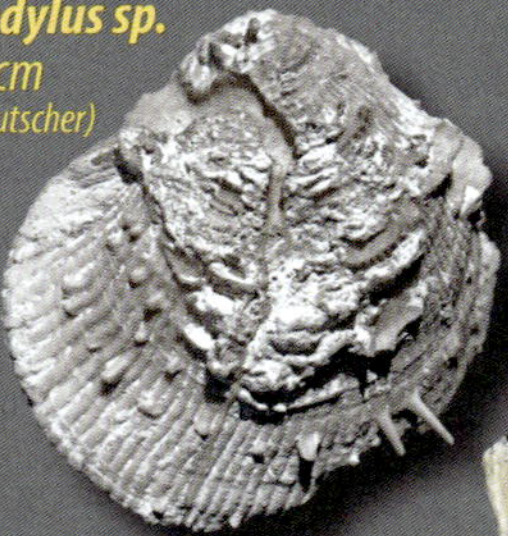

> Spondylus sp. *ø ca. 4 cm (Foto: M. Kutscher)*

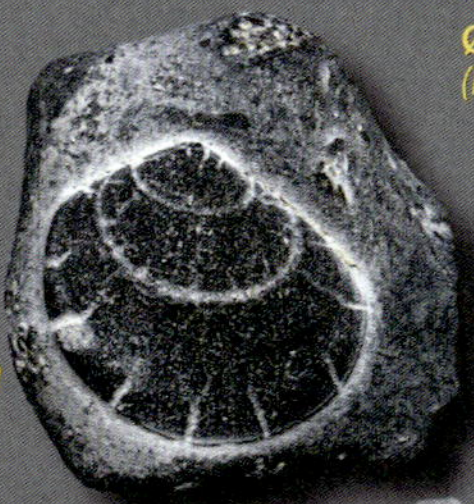

> Abdruck von Spondylus sp. auf Feuerstein Länge ca. 3,5 cm

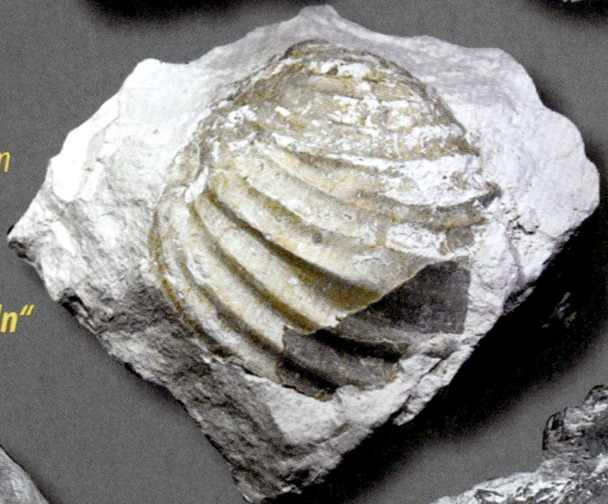

> Inocerame *Inoceramus sp. Länge ca. 14 cm*

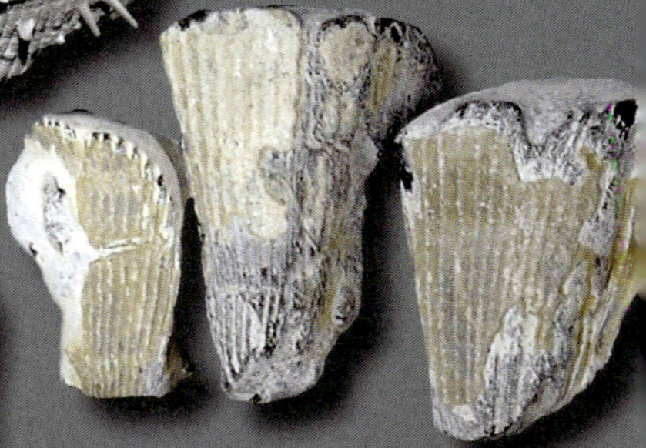

Steckmuscheln *Pinna sp. Länge ca. 6–10 cm*

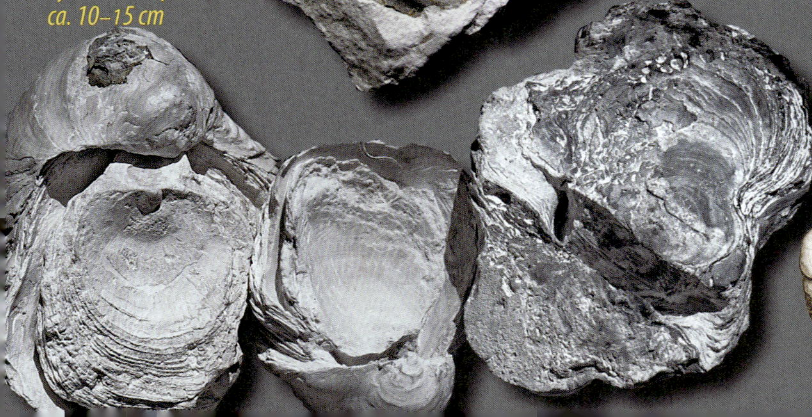

„Dickmuscheln" *Pycnodonte sp. ca. 10–15 cm*

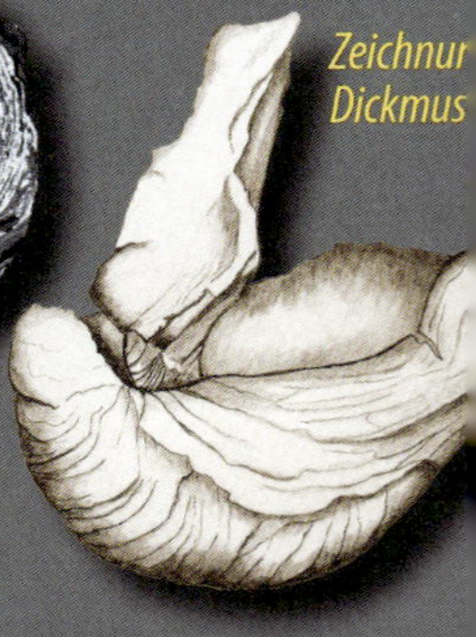

Zeichnur Dickmus

Schwämme

Am Grunde des Kreidemeeres wuchsen Schwämme in großer Zahl. Die keulen-, gurken-, becher-, kelch- oder napfförmigen **Kieselschwämme** erreichten beachtliche Dimensionen. Manche blieben als besonders geformte Feuersteinknollen erhalten. Sie fallen sofort auf mit ihren Mustern aus Längsstreifung, Netz- oder Punktstrukturen. Auch in kugelrunden Feuersteinen kann ein Kieselschwamm sitzen, umgeben von etwas Kreide. Hat die Feuersteinhülle kleine Löcher, so kann die Kreide in der Brandung vom Wasser ausgespült werden. Dann lockert sich der Schwamm und klappert.
Die kleinen, weißen **Kalkschwämme** liegen häufig im Kies zwischen dem Feuersteingeröll. Manche zeigen ein durchgehendes Loch.

> ***Kalkschwämme***
Porosphaera sp.
ø ca. 1–3 cm

< *Feuersteinkugeln mit*
Kieselschwämmen
Plinthosella sp.
„Klappersteine"
ø ca. 3–4 cm

Kieselschwämme
Länge ca. 8–16 cm

> ***Kieselschwamm***
Länge ca. 12 cm

Wurzelstock eines
Kieselschwammes *in*
Pyrit-Erhaltung
Länge ca.13 cm

FOSSILIEN AUS DER SCHREIBKREIDE

Im Kies zwischen dem Feuersteingeröll an der Kreideküste finden sich zahlreiche kleine Reste von Fossilien – hier als Kleinfossilien bezeichnet. Man findet sie – mit etwas mehr Geduld und Mühe – sogar im Sommer, wenn die meisten größeren Fossilien abgesammelt sind.

Wie schön diese kleinen Fossilien bzw. deren Einzelteile sein können, zeigt diese Doppelseite. Es sind Reste ganz verschiedener Tiergruppen, die vielfach auf einer härteren Unterlage festgewachsen, am Boden des Kreidemeeres lebten. Lediglich die Seesterne bewegten sich dort aktiv.

Einzelkorallen
Länge ca. 3–4 cm

Armfüßer
Kalkschalen
Länge ca. 0,5–2,4 cm

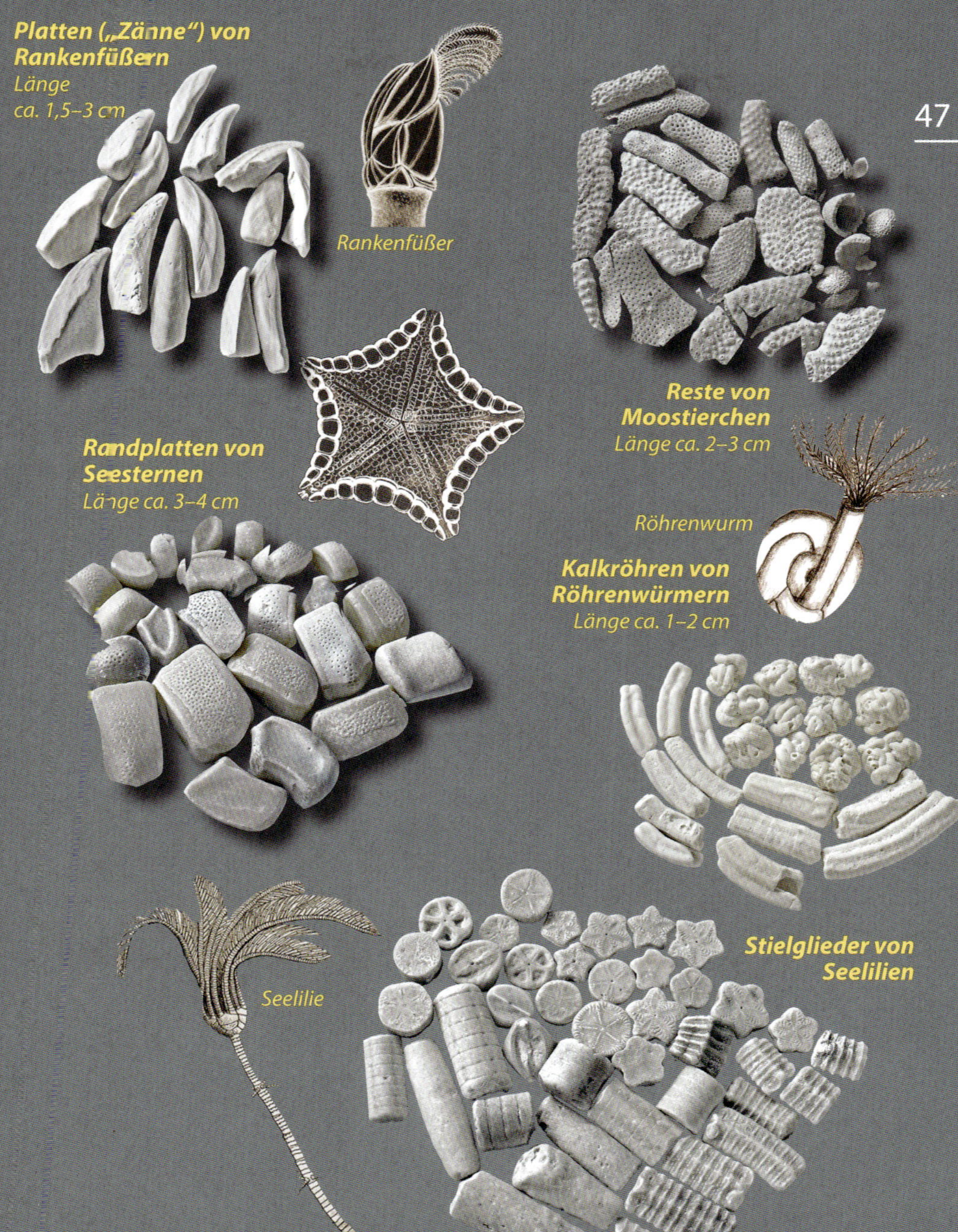
Platten („Zähne") von Rankenfüßern
Länge ca. 1,5–3 cm
Rankenfüßer
Reste von Moostierchen
Länge ca. 2–3 cm
Randplatten von Seesternen
Länge ca. 3–4 cm
Röhrenwurm
Kalkröhren von Röhrenwürmern
Länge ca. 1–2 cm
Stielglieder von Seelilien
Seelilie

FOSSILIEN AUS DER SCHREIBKREIDE

großes Foto:
Strandwanderer an der Kreideküste bei der Suche nach Fossilien

Foto im Kreis:
Kleinfossilien aus dem Strandkies – eine Tagesausbeute, die mit Geduld in jeder Jahreszeit möglich ist.

Foto unten:
So sortiert und aufbewahrt, können Kleinfossilien zu Hause eine tägliche Freude sein. (Sammlungsschachteln in großer Auswahl sowie Sammlungszubehör aller Art gibt es bei ***www.krantz-online.de****)*

FOSSILIEN SAMMELN

Für viele Besucher der Kreideküste gehört die Suche nach Fossilien unbedingt zu einer Strandwanderung. Wer in der sommerlichen Hochsaison am Strand sucht, wird feststellen, dass die Anzahl der Sammler die der interessanten Strandfunde weit übertrifft. Bessere Fundmöglichkeiten gibt es im Frühjahr, wenn durch Uferabbrüche frisches Material ins Strandgeröll gelangte. Außerdem schichten die Winterstürme die Strandsteine oft völlig um. „Aber wir sind doch nur im Sommerurlaub an der Küste!" sagen viele der Sammler. Während der Saison bringt das langsame Gehen über das Strandgeröll mit dem nach unten gerichteten Blick tatsächlich kaum noch Erfolg.

Viel besser ist es, nicht im Gehen zu suchen, sondern an einer bestimmten Stelle zu verweilen – so wie es die Sammler auf dem Foto machen. Auf diese Weise entdeckt man viele Dinge, die man anders leicht übersieht.
Simples Zeitungspapier zum Einwickeln der etwas größeren Fundstücke, die leicht im Rucksack oder Tasche zerkratzen, sollte beim Sammeln immer dabei sein. Ein besonderer Fund verdient, dass er zu Hause ein Etikett bekommt mit den Daten wann und wo das Stück gefunden wurde – man vergisst so schnell!

Bitte denken Sie daran:
Das Sammeln von Fossilien wird von der Nationalparkverwaltung toleriert. Die Mitnahme größerer Mengen oder großformatiger Funde – z. B. von Sassnitzer Blumentöpfen – ist aber untersagt.

DER BUCHENWALD

DER STUBNITZWALD

Von Natur aus – ohne den Menschen – würden Buchenwälder weite Teile Europas bedecken. Nach der Eiszeit begann ihre unaufhaltsame Ausbreitung. Die „Wanderung" einer einzigen Baumart über einen ganzen Kontinent ist weltweit einzigartig. Leider fielen die meisten dieser Wälder menschlichen Nutzungen zum Opfer. Buchenwälder und besonders alte, nutzungsfreie Waldgebiete wurden zur Seltenheit. Zu ihrem Schutz erkannte die UNESCO-Kommission die wertvollsten als Weltnaturerbe an. Von den Karpaten bis zur Ostsee zählen 93 Gebiete zum Welterbe „Alte Buchenwälder und Buchenwälder der Karpaten und anderer Regionen Europas". Die Buchenwälder des Nationalparks Jasmund sind eine große Bereicherung dieser „Buchenwald-Familie". Mit ihren „nur" 800 Jahren Waldgeschichte zählen sie zu den jüngsten der Alten Buchenwälder. Die Spuren einstiger Nutzung verblassen hier mehr und mehr. Es entwickelt sich ein „Urwald von morgen".

großes Foto: Frühling am Hochuferweg nahe dem Welterbe-Forum

Rotbuche: Blätter, Blüten, Früchte
Quelle: WIKIPEDIA

DER BUCHENWALD

IM WANDEL DER JAHRESZEITEN

Buchenwälder haben einen ganz eigenen, besonderen Reiz – in jeder Jahreszeit anders, so wie es die Fotos zeigen. Bereichert wird der Rotbuchenwald durch Beimischung anderer Laubbäume: Weißbuche, Ahorn, Ulme, Esche und Erle.
Während der nicht mehr genutzte Laubwald langsam immer „uriger" wird, sollen die kleineren, früher angepflanzten Nadelbaumbestände langsam verschwinden. Sie gehören nicht in diesen Laubwald und werden im Laufe der Zeit von Laubbäumen überwachsen.

großes Foto: herbstlicher Buchenwald am Beginn der Laubfärbung

Frühblüher bestimmen das Bild am Waldboden – solange die Buchen noch kein Laub tragen.

Frühsommerlicher, noch lichter Buchenwald mit abgeblühten Frühblühern am Waldboden.

Winterlicher Jungbuchenbestand mit noch laubtragender Naturverjüngung

AN KLIFFHANG UND KLIFFKANTE

Nach Abbrüchen und Rutschungen wächst an pflanzenfreien Steilufern – bei nicht zu großer Hangneigung – alsbald eine artenreiche, kalkliebende Pflanzenwelt. Im Laufe der Zeit kommen Sträucher hinzu. Sie werden später von Bäumen – überwiegend von Buchen – verdrängt. Der so entstehende Hangwald entwickelt sich über viele Jahrzente zu einem echten, vom Menschen unbeeinflussten Urwald. So entstand auch der heutige Hangwald der Kreideküste, der hauptsächlich zwischen Kollicker Ort und Lohme wächst. Er zählt zu den wertvollsten Waldarealen im Nationalpark.
Wenn irgendwann auch dieses bewaldete Steilufer vom Meer zurückgeschnitten wird, beginnt die Entwicklung von neuem.

großes Foto: Hangwald an der Kliffkante

Orchideen wie hier Knabenkraut und Waldvögelein sind Pflanzen, die sich zuerst am Kliff ansiedeln.

Im Hangwald wachsen neben Rotbuchen auch andere Laubbäume wie Weißbuche, Ahorn und Esche.

DER BUCHENWALD

Buschwindröschen und Leberblümchen

Hohler Lerchensporn

AM WALDBODEN

Im Frühling fallen die Sonnenstrahlen durch die noch kahlen Buchenkronen und erwärmen den Waldboden. Alsbald blüht dort eine Fülle von Blumen – Frühblüher: Buschwindröschen, Schlüsselblumen, Leberblümchen, Lerchensporn, Goldstern... Sie verwelken alsbald und „ziehen ein". Im Sommer, wenn durch das dichte Laubdach der Buchen nur noch wenig Licht auf den Waldboden fällt, ist von ihnen kaum noch etwas zu finden. Lediglich die **Zwiebeltragende Zahnwurz** zeigt dann noch ihre zartvioletten kleinen Blüten. Bei ihr kommt es nicht so darauf an, dass die feinen Samenkörner in den Schötchen auch reifen, denn sie kann sich auch anders vermehren: durch die winzigen, dunklen Brutzwiebelchen, die in den Blattachseln sitzten.

großes Foto: Frühblüherwald am Westrand des Stubnitzwaldes

Schlüsselblume

Zwiebeltragende Zahnwurz

SEE UND BÄCHE

In der Nähe des Königsstuhls liegt der einzige größere See des Nationalparks, der Herthasee. Er hat nur einen Durchmesser von etwa 150 Meter, ist aber elf Meter tief.
Eine Anzahl kleiner Bäche entwässert das niederschlagsreiche Waldgebiet. Die schmalen, manchmal recht tiefen Bachtäler sind durch das eiszeitlich entstandene Relief vorgezeichnet und wurden später von Schmelzwässern überformt. In manchen plätschern noch heute kleine Bäche. Nur bei Wolkenbrüchen oder während der Schneeschmelze sind sie noch in der Lage, weiterhin die Täler zu formen. Ursprünglich mündeten die Bachtäler etwa zwei Kilometer östlich. Durch den Küstenrückgang wurden sie abgeschnitten. So entstanden die „hängenden Täler" am Kliff. Die Bäche bilden dort, direkt an ihrer Mündung, einen kleinen Wasserfall oder eine Kaskade.

großes Foto: Mittellauf des Kieler Baches

Der Kieler Bach hat in seinem Unterlauf ein wildromantisches Tal, das vom Hochuferweg gequert wird.

Der stille, tiefe Herthasee liegt in einem Kessel, der auf der Nordostseite vom Wall der Herthaburg begrenzt wird. (Foto: I. Stodian)

Der Kieler Bach bildet an seiner Mündung am Kliff einen fotogenen Wasserfall.

MOORE UND SÜMPFE

Das ungewöhnlich intensive, kleinteilige Relief der Stubnitz hat zahlreiche wasserführende Senken, Mulden und Gräben zur Folge. Weil der Boden aber durch Verkarstung oft wasserdurchlässig ist, entstanden an solchen Stellen keine Seen oder Tümpel, sondern Sümpfe und Moore.
Die Wasserdurchlässigkeit ist eine Folge der Verkarstung des Untergrundes durch Kalklösung (s. S. 28/29). Dadurch entstehen Phänomene wie Bachversickerungen und Schlucklöcher.
Viele der Feuchtgebiete, auch die meisten der Moore, hat man früher entwässert. Sie wurden alle in jüngster Zeit wieder vernässt (renaturiert).

großes Foto: großes Erlenquellmoor am Westrand des Stubnitzwaldes

Torfmoor (Foto: I. Stodian)

Schluckloch – Das Wasser kommt von links und versickert in der Senke. (Foto: Ingolf Stodian)

Überflutete Moorwiese

ZEUGEN DER VERGANGENHEIT

Im Waldgebiet des Nationalparks gibt es zahlreiche Zeugen menschlicher Tätigkeit. Die ältesten stammen aus der Jungsteinzeit und sind etwa 4–5.000 Jahre alt – vier Großsteingräber, aus gewaltigen Findlingen errichtet. Die etwa 60 Hügelgräber sind sehr unterschiedlich alt. Sie stammen aus der Zeit 1.800 v. u. Z. bis 1.200 n. u. Z. und liegen meist in Gruppen angeordnet, oft tief im Wald. Aus der Slawenzeit stammen die Wälle von Fluchtburgen am Herthasee und auf dem Hengst, direkt am Steilufer. Der sagenumwobene „Opferstein" von Quoltitz, ein 73 Tonnen schwerer Findling mit Spuren menschlicher Bearbeitung, liegt nahe dem westlichsten Punkt des Nationalparks.

großes Foto: Großsteingrab am Fahrweg zurm Welterbeforum

Der „Opferstein" von Quoltitz liegt nahe dem westlichsten Punkt des Nationalparks.

Die „Herthaburg" am Herthasee ist ein slawischer Burgwall aus dem 8. bis 12. Jahrhundert.

Besucher in der Ausstellung des Nationalpark-Zentrums.
(Foto: © Nationalpark-Zentrum KÖNIGSSTUHL /Peter Lehmann)

DAS BESUCHERZENTRUM

Mit seinen barrierefreien Ausstellungen, Aquarien, Video-Animationen sowie dem Multivisions-Kino mit dem UNESCO-Welterbe-Film bietet das Nationalpark-Zentrum seinen Besuchern auf ungewöhnliche und originelle Weise einen umfassenden Einblick in Natur und Landschaft des Nationalparks. Das weit äufige, gestaltete Freigelände bietet Möglichkeiten zur Selbstbetätigung.

Das Nationalpark-Zentrum hat seinen Sitz in unmittelbarer Nähe des Königsstuhls. Den Kern des Gebäudeensembles bildet das traditionsreiche, bereits 1891 errichtete „Hotel Stubbenkammer", das zu DDR-Zeiten als Kaserne diente. Heute betreibt hier der WWF Deutschland gemeinsam mit der Stadt Sassnitz das 2004 eröffnete Nationalpark-Zentrum.

Webseite: www.koenigsstuhl.com

Anders als der frühere Zugang zum Königsstuhl ist der Skywalk behindertengerecht. (Foto: © Nationalpark-Zentrum KÖNIGSSTUHL / Mirko Boy)

ÜBER DEM KÖNIGSSTUHL

Der markante Königsstuhl als höchste Erhebung an der Kreideküste ist mit seinen 118 Metern zunehmend von Abbrüchen bedroht. Eine Sperrung für Besucher (über 400.000 pro Jahr) war absehbar. Daher entschloss man sich zum Bau einer soliden Stahlkonstruktion, die über den Königsstuhl führt, ohne ihn zu berühren. Dieser Skywalk ist mit starken Seilen an einem 42 Meter hohen Mast aufgehängt – weit genug vom Königsstuhl entfernt; tief im stabilen Untergrund verankert. Der barrierefreie „Königsweg" wurde im April 2023 eröffnet. Wegen der sensiblen Ansichten der Brücke von anderen Standorten hat man ihn bewusst nicht bis zur Spitze des Königsstuhls geführt. Er verläuft schräg über die Schlucht und das Königsgrab. Damit fügt sich diese Konstruktion unaufdringlich ins Landschaftsbild ein. Sie ermöglicht bislang nicht erlebbare Blicke auf Steilküste, Ostsee und Königsstuhl. Obwohl die Brücke nicht bis zur Spitze des Königsstuhls reicht, bietet sie doch vielfältigere Aussichten.

Foto: Die elegante Stahlkonstruktion des „Skywalk" führt die Besucher seit April 2023 über den vom Abbruch bedrohten Königsstuhl. (Foto: © Nationalpark-Zentrum KÖNIGSSTUHL / Timm Allrich)

EINZIGARTIG

Dieses fantastische Luftbild zeigt die einzigartige Schönheit der Kreideküste von Stubbenkammer und des Stubnitzwaldes in der Morgensonne eines Frühlingstages. Dazu die Position und Eleganz der kühnen Stahlkonstruktion des Skywalk.

(Foto: © Nationalpark-Zentrum KÖNIGSSTUHL / Timm Allrich)

DIE FRÜHERE WALDHALLE

Auf einer Lichtung inmitten des schönsten Buchenwaldes, unweit der Wissower Klinken, steht dieses traditionsreiche Gebäude. Es wurde 1874 errichtet und mehrfach umgebaut bzw. erweitert. 2017 eröffnete man das restaurierte Gebäude als UNSECO-Welterbeforum – als Wanderstützpunkt und Informationsstelle. Deren Ausstellung ist sowohl der Idee des Weltnaturerbes allgemein gewidmet, als auch speziell dem Teilgebiet „Jasmund" (etwa 500 Hektar) des Stubnitzwaldes. Es steht seit 2011 unter „Alte Buchenwälder" auf der Liste des Weltnaturerbes und gehört damit zu den europaweit 94 Buchenbeständen, die zusammen das Buchenwälder-Weltnaturerbe bilden.

großes Foto: das UNESCO-Welterbeforum im herbstlichen Buchenwald

Der Wanderstützpunkt UNESCO-Welterbeforum liegt auf einer malerischen Lichtung unweit der Wissower Klinken und nur eineinhalb Kilometer von Sassnitz entfernt.

Die Waldhalle Sassnitz war fast 150 Jahre lang ein beliebtes Ausflugsziel im Stubnitzwald. Das Gebäude wurde grundlegend modernisiert und 2017 als UNESCO-Welterbeforum wiedereröffnet.

Kreidegrube und Kreidewerk Gummanz um 1930

Kreidemuseum Gummanz, Eingangsbereich

Blick in die Ausstellung

EIN ALTES KREIDEWERK

Europas einziges Kreidemuseum befindet sich am Rande des Nationalparks in einem historischen Kreidewerk aus der Zeit des traditionellen Kreideabbaus auf Rügen. Mit modern gestalteten, interaktiven Ausstellungen informiert das Museum über die Rügener Schreibkreide:

- Entstehung im Kreidemeer
- Fossilien in der Schreibkreide
- Formung der Rügenlandschaft in der Eiszeit und Entstehung der Kreideküste
- Abbau und Aufbereitung der Kreide gestern und heute
- Verwendung der Kreide in Industrie, Landwirtschaft, Umweltschutz und als Heilmittel

großes Foto: heutiger Zustand von Kreidegrube und Kreidewerk Gummanz – rechts unten das Kreidemuseum

ALTE KREIDEGRUBEN

An der westlichsten Grenze des Nationalparks liegen zwei kleine alte Gruben, aus denen bis etwa 1940 Kreide gefördert wurde. Nach Beräumung der Technik waren sie der Natur überlassen. Alsbald begann eine Entwicklung ähnlich der am Kreidekliff. Zuerst siedelte sich auf der nackten Kreide langsam eine artenreiche, kalkliebend Pflanzenwelt an – sogar Orchideen. Im Laufe der Zeit kamen ganz verschiedenartige Sträucher hinzu. Irgendwann könnten hier auch die ersten Buchen wachsen...

großes Foto: Kreidegrube Quoltitz im Herbst 2023

Kreidegrube Quoltitz um 1932

Kreidegrube Quoltitz 2016

CASPAR DAVID FRIEDRICH

Sein wohl berühmtestes Gemälde „Kreidefelsen auf Rügen" zeigt sicher die Kreideküste, die er mehrfach vor Ort zeichnete und malte. Es gibt aber keine Stelle exakt wieder. Vielmehr handelt es sich um eine im Atelier entstandene Komposition aus zwei Motiven: die steilen Wände der Schlucht zwischen Königsstuhl und Feuerregenfelsen sowie die scharfen Zinnen unterhalb der Victoria-Sicht.

großes Foto: heutiger Blick in die Schlucht zwischen Königsstuhl und Feuerregenfelsen

CASPAR DAVID FRIEDRICH „Kreidefelsen auf Rügen" (1818) Museum Oskar Reinhart in Winterthur/Schweiz

DAS BERÜHMTESTE KREIDEKÜSTENBILD

Aquarell von CDF mit Königsstuhl (rechts) und Feuerregenfelsen

Zinnen rechts unterhalb der Victoria-Sicht (Zustand um 1980)

SICHER WANDERN

An unseren Steilküsten ist besondere Vorsicht angeraten. Bei hohem Wasserstand kann es sein, dass die Strände vor den Steilufern überflutet sind. Dann sollte man unbedingt zurückgehen und keinesfalls an den Steilufern klettern. Das trifft auch zu, wenn davor Abbruch- oder Rutschmassen den Weg versperren. Sie zu überqueren heißt oft, im Schlamm zu versinken.
Gefährlich sind Wanderungen und Sammeln direkt unter den Steilufern, wenn Nässe oder Frost die Kliffe instabil werden lassen. Besonders bei hohem Wasserstand und dadurch sehr schmalem Strand ist es dort am gefährlichsten – das zeigen die Erfahrungen von der Kreideküste. Immer wieder gibt es überraschend vom Steilufer herabstürzende Brocken, Abbrüche oder Rutschungen. Jeder Strandwanderer muss selbst entscheiden, welches Risiko er eingeht.

Das Klettern an den Steilufern ist lebensgefählich und streng untersagt.
Nicht immer wird der Wanderer ausdrücklich durch Schilder vor Gefahren gewarnt. So wie überall in der Natur, ob nun im Gebirge oder am Meer – stets ist er selbst für sich verantwortlich.

Für jeden Besucher des Nationalparks sollte es sebstverständlich sein, die ausgewiesenen Wege nicht zu verlassen. Ebenso, dass man Pflanzen nicht beschädigt und Tiere nicht beunruhigt.

VORSICHT AN DER KREIDEKÜSTE!

GEFAHREN AN DER STEILKÜSTE

An unseren Steilküsten gibt es häufig Abbrüche, Rutschungen und Steinschläge. Dadurch ist jeder gefährdet, der sich am Geröllstrand vor den Steilufern aufhält. Besonders gefährlich ist es hier

- nach starken Niederschlägen
- nach Frost
- bei Sturm
- während und nach Hochwasser.

Auch vorspringende Kliffkanten am Hochufer können abstürzen. Bitte beachten Sie die entsprechenden Hinweise und respektieren Sie Absperrungen und Verbote – sie dienen Ihrer eigenen Sicherheit.

Sie betreten die Strände und Hochuferwege stets auf eigene Gefahr!

Rolf und Inge Reinicke

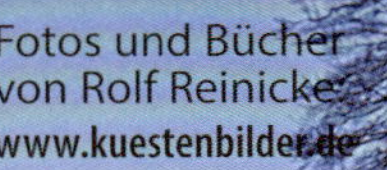

Fotos und Bücher
von Rolf Reinicke:
www.kuestenbilder.de

AUTOR & MITARBEITERIN

Rolf Reinicke (geb. 1943) gilt als erfahrener Geologe und Landschaftsfotograf. Für alle seine zahlreichen Bücher – so auch für dieses – lieferte er sowohl die Fotos als auch die Texte. Er hat es auch selbst gestaltet. Seine Ehefrau **Inge Reinicke** hatte das Lektorat. Sohn **Matthias Reinicke,** Grafik-Designer, steuerte die Grafiken bei.

Rolf Reinicke zählt zu den besten Kennern von Natur und Landschaft an der Ostsee. Zusammen mit seiner Frau ist er vier Jahrzehnte lang oft und weit auf Jasmund gewandert – ganz besonders an der Kreideküste. Von diesen Exkursionen und von diversen Fotoflügen stammen die Fotos in diesem Buch.

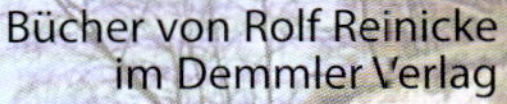

Bücher von Rolf Reinicke
im Demmler Verlag

Steine am Ostseestrand
8. Auflage 2024
ISBN 978-3-910102-66-5

Funde am Ostseestrand
3. Auflage 2021
ISBN 978-3-910150-76-8

Pflanzen am Ostseestrand
2. Auflage 2020
ISBN 978-3-910150-75-1

Fossilien am Ostseestrand
2. Auflage 2022
ISBN 978-3-910150-76-8

Sand & Dünen am Ostseestrand
1. Auflage 2019
ISBN 978-3-944102-30-6

Feuersteine Hühnergötter
4. Auflage 2019
ISBN 978-3-910150-78-2

Rügen – Strand und Steine
7. Auflage 2021
ISBN 978-3-944102-00-9

Strandschätze
2. Auflage 2019
ISBN 978-3-944102-26-9

Der Darß
1. Auflage 2022
ISBN 978-3-944102-30-6

Bild-Textband
Geologie & Landsschaft M-V
2. Auflage 2023
ISBN 978-3-944102-57-3

Bild-Textband
Mare Balticum
1. Auflage 2018
ISBN 978-3-944102-25-2